冥想
산사의 명상

혜륜 심종선

해암

| 시조집을 펴내면서 |

사족蛇足 한마디

일곱번째 시조집이 2009년 9월에 출판되어 나오고, 금년이 2020년 이니 그 후 꼭 10년이 흘렀다. 그동안 발표했거나 신작 작품이 족히 시집 3권 분량이 쌓여 있었지만 여러 가지 사정으로 인해 출판이 미뤄져 왔다.

2009년 부산문인협회 시조분과 위원장을 끝으로 문단의 그 어떤 명예도 사양하며 절 밖으로의 출입을 삼가해 왔다. 그것은 외부로부터의 사정보다도 내 자신에 대한 수행과 성찰의 시간이 절실히 필요했기 때문이다.

고민 끝에 그동안 속세에서 물든 번뇌의 때를 벗겨내기 위한 특단의 수행을 결심하게 되었다. 그래서 세속과는 가급적 왕래를 끊고, 내 자신의 수행을 위해 10년을 결사하고 수행과 기도 명상으로 죽을 힘을 다해 정진해 왔다.

그렇게 죽어도 좋다고 생각했다.

내가 소속된 종단의 일도 극히 자제하고 크고 작은 인연들도 멀리해 왔다. 그러다 보니 척추협착증에 걸려 3년이상을 고생했다. 속세에서 물든 오염의 때를 깨끗이 털어내는 일은 참으로 혹독했고 참기 힘든 10년의 세월을 그렇게 보냈다. 다행이 큰 탈 없이 지내온 것에 대해 나를 지켜준 불보살님께 감사하고, 나를 굶어죽지 않게 해주신 우리 절 신도님께 감사드린다. 그리고 우선 내 원고 중에 일부를 골라, 제8시조집을 해암출판사 박철수 사장님의 배려로 출간하게 되어 감사드린다. 나머지는 형편이 허락하는 대로 출판할 예정이다. 그동안 안부 드리지 못한 모든 분들께 합장 경례를 올린다.

혜륜 심 종 선

| 차례 |

2_ 겨울에 움튼 명상

3_ 봄에 날아 온 꿈

4_ 자연에서 듣는 법문

5_ 인연의 꽃

6_ 그래도 삶은 즐겁다

7_ 만남과 이별

1

생활에서 건진 명상

심종선 주요 저서

액자로 걸린 추억
눈을 뜨는 사랑의 향기
머무는 곳 없이 네 마음 흘러라
님이 아니면 모르리
염화미소를 꿈꾸며
느낌으로 만난 님
산승으로 살아가기
사람으로 살아가기
산사의 명상

노승의 하루 1

– 새벽

찬 바람 손을 뻗어
풍경소리 털어내면
풀벌레 산새들이
다라니*를 외는 새벽
적막은 어둠 데리고
만행길을 떠나고

화두가 코끝 앉아
전도몽상顚到夢想 치료한다
생과 사가 한 몸인데
둘이라고 병든 생각
오늘은 뿌리를 뽑고
통증 없이 살리라

*다라니 : 범어로 된 불경의 주문

노승의 하루 2
– 아침

빗자루 챙겨 들고
이방저방 쓸어본다
겉으론 깨끗해도
쌓인 먼지 수북하다
때 묻고 구겨진 망념妄念
구석마다 한 아름

칠십 세월 묵은 때가
걸레질 퍼부어도
검은 눈만 깜박일 뿐
떠날 생각 없는 아침
손바닥 물집 맺혀도
쉬지 못할 이 작업

노승의 하루 3
– 낮

밤낮으로 귀를 열어
신음하는 중생 찾아
따슨 눈빛 한 아름을
안겨주신 관음보살
오늘도 무릎을 꿇고
사시 공양 올린다

웃음기 빠진 육체
힘에 겨운 삶의 무게
그 짐 다 시주하고
가볍게 가라 해도
고통의 비늘 몇 조각
겨우 떼고 가는 중생

노승의 하루 4

– 저녁

떠나는 해 배웅하고
가부좌로 앉아 보니
하루 종일 뿌린 번뇌
싹이 돋아 키를 넘네
이 밤도 뽑아내려면
사생결단 치루리

속세 바람 막으려고
문풍지 붙였는데
송곳 발톱 치켜들고
막무가내 침입하네
온몸 다 할퀴어 놓고
마음까지 넘본다

노장 1

– 세월

맵고 쓴
세월 속에

검은 머리
백발염색

고운 얼굴
빈틈없이

주름살로
장식하니

어엿한
노장 한 분이
미소 짓는
거울 속

노장 2

– 부끄럼

눈동자 단풍 들어
산골 다시 접어드니

키가 큰 젊은 나무
할배 되어 누워 있고

묘목은 키가 자라서
상록수로 서 있네

동쪽으로 디딘 걸음
방향 잃고 서쪽 가고

올려다본 산봉우리
망망대해 떠 있는 배

부끄럼 세월에 자라
돌탑만큼 솟았다

노장 3

– 불국토

세속에서 싹이 텄던
형형색색 온갖 욕망

계율 속에 가둬놓고
돌이 되어 앉은 일생

동산에 해 뜨는 황홀
열려오는 불국토

입선入禪

어두움 벗어나려
길 없는 길 헤맨 이 몸
눈 어둠 씻어내려
화두 한 알 삼켜본다
신새벽 죽비소리는
깨어나라 꾸짖고

해와 달 어둠 없는
적멸의 땅 높은 언덕
문 없는 문을 찾아
수억 겁 헤매었네
찾겠단 생각 버리니
사방으로 열린 문

면벽

구별 없는 하나 자리
철벽 세워 갈라놓고

이쪽은 정법 세상
저쪽은 사법의 땅

면벽의 감옥에 갇혀
돌이 되는 면벽승

대장경을 보며

황금빛 말씀들이
목판 위에 내려 앉아
수천 년 눈을 뜨고
흑진주로 앉아 있네
암환자 살릴 수 있는
보약 중에 참 보약

창칼로 파고드는
육신의 병 마음의 병
한 번쯤 먹어보면
모두 다 치유인데
사람들 두 눈을 감고
고통 속을 헤매네

번뇌도 늙는다

아직 여린 마음의 싹 갉아 먹고 몸집이 큰
돈과 명예 사랑들이 내 목을 조여온다
힘 없이 주저앉아서 몸부림을 치는 나

늙어버린 종교의 계율 같은 “내려놓기”
최후의 무기 삼아 사생결단 맞서봐도
언제나 패배하는 건 나 자신일 뿐이다

도마뱀 꼬리 자르듯 떼어내도 자라나는
등뼈 굵은 욕망들도 세월 앞엔 어린애다
모두 다 찬서리 안고 가을 풀로 눕는다

모를레라

잠잘 때 잠을 자고
깨어날 때 깨어나며
먹을 때 먹는 것이
얼마나 행복한지
이 진리 모두 모르리
질병 동거 않으면

뜬 눈으로 밤 지키고
냄새로 음식 먹고
누웠으면 천장 쏟아지고
앉았으면 벽 무너져
지구가 이리 도는데
내가 어찌 서리오

새벽기도

온갖 시비 잠든 새벽
마음 깨워 목욕재계

천수경 한 사발을
감로수로 올린 후에

어두움 무너지도록
목탁 한 번 치리라

매일하는 살 생

나 오늘도 살생했다
죽이고 또 죽였다
시퍼런 눈을 뜨고
양손에 창칼 들고
내 목숨 노리는 그들
자비 접고 죽였다

오르는 길 막아서는
탐욕 먼저 처리하고
성 내고 어리석음
순서대로 다 보냈다
마지막 홀로 서 있는
나 자신도 죽였다

비로소 열려지는
열반나라 사천왕문
끝없이 펼쳐 있는
우담바라 꽃밭 속에
돌사람 우뚝 서 있는
내가 나를 보았다

길을 찾는 삶

즐거움과 괴로움은
혼자 오지 않는 손님
앞서거니 뒤서거니
짝을 지어 오고 가네
인간의 흥망성쇠도
잠깐 왔다 가는 손님

기쁜 일 붙잡아도
젊음처럼 떠나가고
슬픈 일 밀어내도
늙음처럼 다가오지
가려면 보내드리고
오는 손님 맞으리

오고 감이 둘 아니오
삶과 죽음 하나인데
곧은 길 놓아두고
변두리만 헤맸었네
서운암 숙성된 장맛
취한 영혼 깨운다

중도를 찾아서

육십 승납 등에 지고 걸어온 길 열어보니
달고 쓴 사랑 증오 편견만 바랑 가득
팔정도 곧은 길들이 먼 발치서 웃음짓네

세속 풍파 맞으면서 이목구비 형태 잃고
꽃처럼 미소 짓던 마음도 시들었네
팔정도 들머리 서서 지팡이를 던지네

2

겨울에 움튼 명상

심종선 주요 저서

액자로 걸린 추억
눈을 뜨는 사랑의 향기
머무는 곳 없이 네 마음 흘러라
님이 아니면 모르리
염화미소를 꿈꾸며
느낌으로 만난 님
산승으로 살아가기
사람으로 살아가기
산사의 명상

겨울 부도탑

번듯한 내 집 한 칸
터 잡아 세우려고
헤엄도 못 치면서
깊은 강물 뛰어들고
방향도 찾지 못하고
헤맨 세월 수십 년

장경각 더듬어 가는
이목구비 막힌 사람
화두의 강 헤엄치는
손발 모두 잃은 사람
편안히 쉴 수 있는 곳
문패 없는 부도탑

겨울 을숙도

을숙도 갈대꽃이
바람 안고 비상하면
강변에 앉아 있던
추억도 동참한다
철새들 짝을 따라서
노을 속에 잠긴 밤

파도에 넋을 띄워
떠나보낸 망부석은
눈물샘 떠 마시며
마른 가슴 적시 운다
세월도 지우지 못한
그리움을 달래며

겨울 안거

녹이 슨 육신 위에
세월 한 층 또 쌓았네
무게를 못 이기어
허리가 삐걱댄다
이 추위 무사히 건너
화전놀이 가리라

찢어지고 구멍 나고
헤진 육체 다시 꿰매
새싹처럼 돋아 나올
화두 한 알 품어본다
새봄엔 염화미소가
묵향으로 오리라

겨울 이별

오솔길 거닐면서
심어 앉힌 사랑 한 촉
그리움 복받칠 땐
밤 눈길 달려가네
추억도 단풍이 들어
흐느끼며 지는 밤

내 마음 그대 향해
음속 비행 달리는데
연료 다 탄 이내 몸은
거북걸음 뒤뚱대네
아마도 이번 생에는
만날 길이 없겠네

겨울 발자국

내가 찍은 발자국은
얼마만 한 크기인가
지나온 길 되돌아가
잠깐 멈춰 보고 싶다
어디 쯤 지우고 싶은
발자국도 있겠지

크든 작든 찍힌 자국
진실이고 사랑이었다
후회는 돌탑처럼
소복이 쌓였어도
지우지 아니하려네
아직 갈 길 있으니

겨울 산책

청춘 다 벗어주고
몸살 앓는 단풍잎들
토닥여 잠재우는
겨울비 긴 자장가
인적이 떠난 골짜기
눈을 뜨는 적막감

사람들 한결같이
산을 찾아 오가지만
밤새워 녹차 한잔
나눠 마실 지음知音 없네
낙엽길 홀로 걸으면
발자국 소리 따를 뿐

겨울 참회

차가운 비
얼굴 때려도
나는 울지 못한다네

옆에서
아파할 때도
울어주지 못했는데

때늦은
뜨거운 통곡
들어줄 이 있으랴

겨울 숲길

이별도
사랑이라
이내 가슴 채운 생각

님 두고
가는 걸음
겨울 한파 더 따갑네

어쩌면
그 사람 또한
이 숲속을 거닐까

겨울 동자승

설중매
앞세우고
암자 주위 마실 온 봄

산새들이
마중 나와
동요잔치 시작한다

동자승
차가운 목탁
반주 맞춰 우는 밤

겨울 사랑

뭇 생명
이별들은
다 아프고 쓰라리다

살아서
쪼개지든
저승으로 도망치든

이 고얀
사랑이란 놈
참 무섭고 얄밉다

겨울비

천둥소리
번개 불빛
비바람도 떼어놓고

외 딴 숲속
앉은 사람
젊은 날의 연인 같은

살며시
나를 적시는
맵고 추운 겨울비

겨울밤

추위 먹고 취한 바람
화가 솟아 뒤틀렸다
골목 마구 날뛰면서
길가 화분 박살 낸다
낯선 집 장독으로 가
뚜껑 모두 쨍그랑

사람 다 피해 숨으면
집집 창문 뒤흔들며
고함 꽥꽥 질러대다
제풀에 쓰러진다
어머님 자장가 같은
새벽종에 잠든다

겨울 산승

고해바다
헤엄치고
지옥 산천 헤치면서

나홀로
길은 간다
새길 하나 닦고 산다

끈질긴
생로병사를
화장하러 떠난다

겨울 출항

울음소리 쏟아놓고
발길 돌린 여객선은

발 동동 굴려봐도
돌아올 수 없는 과거

서로가 손짓 날려도
멀어지는 그 얼굴

자성법문自性法門

고통을 놓아버려라
쉽게도 말하면서

나는 왜 놓지 못해
지옥 속을 헤매는가

오늘은 가부좌 틀고
사생결단 하리라

바위손 2

버리거라 말씀 따라
물질 다 방생했고
내려놔라 설법 좇아
명예 사랑 소박놨네
언젠가 내 이름마저
떠 보낼 날 오겠지

산천에 푸르름이
썰물 되어 빠진 겨울
눈보라 모진 인연
욕망의 싹 잠재웠네
껍질만 남은 이 몸도
바람 따라 가리라

살아야 하겠다는
생각 다 뽑아냈고
죽어야 산다 하는
의식 모두 쏟아 냈네
가슴에 들앉은 적멸
눈에 익은 낯설음

3

봄에 날아 온 꿈

심종선 주요 저서

액자로 걸린 추억
눈을 뜨는 사랑의 향기
머무는 곳 없이 네 마음 흘러라
님이 아니면 모르리
염화미소를 꿈꾸며
느낌으로 만난 님
산승으로 살아가기
사람으로 살아가기
산사의 명상

온도 조절

사랑 너무 뜨거우면
화상 입어 쓰러지고

미움 너무 차가우면
동상 입고 신음하네

온도를
팔정도* 맞춰
상처 없이 살리라

*팔정도 : 부처님의 여덟 가지 올바른 삶의 길

암자 풍경

적막도 떠난 암자
어린 봄 찾아 들고
산안개 느린 몸짓
이슬 뿜어 가꾸는 뜰
때때옷 어린 꽃들이
야단법석 펼친다

숨죽인 향불 연기
혼자 법당 지키는 낮
발자국 소리 감춘
실바람 방에 들어
금강경 책장 넘기며
사구게四句偈를 읊고 있다

젊고 푸른 소나무와
도반 맺은 노스님은
살이 빠진 주장자와
선문답 나누신다
엊그제 출가한 까치
천수경을 쪼고 있다

추억 속 작은 암자

눈 감아도 눈에 서 있는
눈물 속 북녘 하늘
가지 못할 고향이라도
거기 있어 행복하다
이 몸은 칠십 평생을
고향 없이 떠돈다

내 어린 발자국이
눈동자 속 박혀 있는
정취암*정취보살님
아직 앉아 계시겠지
친구도 없는 암자를
고향이라 해둘까

*정취암 : 산청군 지리산에 있는 암자

산사의 봄

풍경소리 꽃물 들어
절 문밖 맴도는 날

꽃단장 진달래는
마을 구경 내려간다

안개만 산을 오르며
볼 것 없다 말하네

숲이 되리라

신단수로 큰 사랑도
타고나면 재만 남고
계절 바람 비질하니
그마저 흔적 없네
찬바람 이 몸을 얼려
돌장승이 되었네

어두움 갉아 먹는
잔별들 눈 뜬 새벽
뒤척이는 가슴 깊이
자비 한 톨 스며든다
너와 나 감싸 키우는
원시의 숲 되리라

꿈속의 꿈

설익은 사랑표현
싹도 트지 않았는데
꽃 향기 언제 피고
달콤 열매 맺히려나
아마도 부질없는 꿈
혼자 꾸고 있겠지

연습하면 할수록
더욱 서툰 사랑 고백
말과 행동 내려놓고
전할 길이 없을까요
이 몸 다 뜯어 팔아서
공양 기도 올릴까

꿈 꿈 꿈

꿈속에서 꿈을 꾸며
꿈을 깨는 꿈을 꾸네
현생은 전생의 꿈
내생은 현생의 꿈
모두 다 꿈속 꿈인데
꿈을 꾼다 꿈꿈꿈

중생도 꿈속 환상
열반도 환상의 꿈
깊은 잠 깨어 보면
실체 없는 환상의 꿈
오늘도 꿈을 못 깨고
또 꿈꾼다 꿈꿈꿈

꿈속의 여행

눈 서리 쏟아진다
희로애락 난무하고
전전긍긍 외길뿐인
어둠 덮인 꿈속이다
어느 날 아침이 와서
가슴 열고 떠날까

과거 현재 미래까지
끝없는 꿈속의 꿈
언젠가 염화미소
가슴 가득 꽃피는 날
꿈 열매 털어 내면서
가벼웁게 걸으리

사바여행

꿈 속 나라 여행하다
사바세계 입국했네
비명소리 파도치는
여기는 고해의 땅
빈 바랑 가득히 채워
관음전에 올리리

여래십호 하나 골라
문패 높이 달 때까지
쉼 없는 발품 팔아
생로병사 뽑으리라
그날에 열반행 용선
출국 수속 하리라

허상

노쇠한 풍경소리
촉촉하게 속삭인다
꿈, 꿈속 꿈 어서 깨고
삼계三界밖 우뚝 서라
마음속 꽉 찬 허상虛像을
비워내라 말한다

안고 눕고 침묵하고
생각하고 말하는 것
모두 다 관념 속에
집을 지은 허상이다
사자후獅子吼 가슴을 치며
부숴내라 말한다

여행의 시작

그랜드 캐니언보다
깊게 자란 얼굴 주름
백발염색 성긴 머리
굽은 등에 올려놓고
석양 속 혼자 앉아서
영정사진 찍고 있다

얻은 것 하나 없이
금쪽 청춘 써버리고
인생의 끝자락 길
걸어가는 노인 한 분
텅텅 빈 여행 가방을
소리 없이 끌고 있다

편견

사랑도 미움도
모두 다 편견이고
중도中道 또한 편견인 걸
왜 일찍 몰랐던가
나 오늘 모든 편견을
벗어놓고 나왔다

보고 듣고 맛보는 것
냄새 맡고 느끼는 일
생각의 비늘이 쌓여
위선의 옷 만들었네
나 이제 넝마를 벗고
알몸 또한 잊었네

망각의 뜰

아픔도 익어가니
통증을 모르겠네
육신을 떠나버린
혼을 찾아 헤매다가
세월도 잃어버리고
끼니 모두 보냈다

텅텅 빈 가슴 동굴
시선 잃고 바라보다
소쩍새 전설 같은
울음을 던져본다
메아리 돌아오지 않는
너무나 큰 동굴이다

세월 한 삽 기도 한 삽
쉬지 않고 메꿔가면
구멍 모두 막혀지고
평지의 땅 펼쳐지리
오늘은 망각의 뜰에
축복의 꽃 심겠네

불면의 밤

주름살 몰고 오는
세월의 억센 손길

가슴속 번뇌 속살
들춰보지 말았으면

이 밤도 님 생각 않고
고운 잠에 잠길걸

거짓말

한순간도 멈춤 없이
변화하는 사람 마음

변치 말자 하는 약속
그 자체가 거짓인데

사람들 그 말을 믿고
울고 웃고 목숨 거네

冥想
산사의 명상

4

자연에서 듣는 법문

심종선 주요 저서

액자로 걸린 추억
눈을 뜨는 사랑의 향기
머무는 곳 없이 네 마음 흘러라
님이 아니면 모르리
염화미소를 꿈꾸며
느낌으로 만난 님
산승으로 살아가기
사람으로 살아가기
산사의 명상

금정산의 가을

금정산 오색 단풍
두루마기 걸쳐 입고
동래온천 목욕하러
석양 녘에 내려오면
내 발길 나도 모르게
골목들을 헤맨다

아픔을 앉혀놓고
떠나온 그 자리에
청춘남녀 마주 앉아
사랑 역사 쓰고 있다
가슴 속 잠자던 추억
소리 없이 눈 뜬 밤

가을 하늘

붉게 익은
잠자리 떼
수확하러
강변 간다

채집망
휘저어도
잡히는 건
흰 구름뿐

새파란
하늘 바다에
손 씻으며
놀았네

해운대 해수욕장

바다도 여름이면
낚시를 즐겨한다

파도 미끼 펼쳐놓고
사람 낚시 시작한다

해운대 해수욕장은
전국 으뜸 포인트

대지가 익는 한낮
손맛 보는 절호 찬스

형형색색 인종들이
쉼 없이 낚여온다

밤이면 낚인 사람들
육지 향해 방생한다

제비꽃

강남땅 먼 곳에서
봄 찾아 여기 왔네
춥고 험한 겨울 여행
야윈 몸 힘에 겨워
돌계단 메마른 틈새
외발 세운 제비꽃

푸른 망토 쪽 찐 머리
에스라인 빠진 몸매
방향은 어찌 잡고
어떻게 날았을까
무너진 돌담에 앉아
몸을 떠는 제비꽃

산목련에게

산목련 가지마다
숨 막히게 앉아있는
백의천사 작은 꽃들
날갯짓 해보지만
어린 몸 키워준 고향
떠나가지 않는다

오탁 악세 거칠은 땅
번뇌의 깊은 바다
몸 담그고 싶지 않은
눈물겨운 저 순수함
동정童貞 몸 고스란히 지며
미소 짓는 비구니

수국

예쁨과는 거리가 먼
꽃이라 하긴 뭐 하지만
부처님 머리를 닮아
불두화佛頭華로 살아간다
그 흔한 카메라들도
눈 길 주지 않는 꽃

참배객 사랑 먹는
형형색색 풀꽃들은
도량 한 켠 달세 들어
한 철 살다 떠나지만
전세방 차지한 수국
주인보다 당당하다

설악산의 단풍

도심에서 피접 나온
별들 모여 요양하는
봉정암 오세암의
풍경소리 익어간다
싸락눈 발소리 죽여
탑돌이를 하는 밤

젊음이 넘쳐나던
청춘을 마감하고
때때옷 갈아입고
석양 마루 넘는 그대
인연을 낱낱 뿌리며
한 생애를 접는다

설악산 공룡능선

꿈틀대며 하산하는
능선 마루 올라서서

동해를 바라보며
금강산 생각한다

사람이 승복 입으면
옷값이나 해야지

매화 천지

첫날 밤
진도 이점 칠 (2. 7)
이웃 봄꽃도
눈치 못 챘다

눈 속에
몸을 숨긴
복수초 만이
미소 지을 뿐

새벽녘
진도 구점 팔 (9. 8)
화엄법계
한 세상

노란 복수초

햇살 가루 한 움큼을
남들 먼저 받아먹고

백설 이불 숙인 고개
황금 미소 저 앙큼함

차라리 이내 간장을
송두리째 뽑으렴

들장미

얼떨결에 산골까지
보쌈당해 와 살지만
주위에 번지는 향기
벌 나비 떼 기웃댄다
타고난 가인佳人의 자태
숨길 수가 없는 꽃

혹여나 손때 탈까
가시 담 둘러치고
풀잎 치마 둘러 입고
사내 눈길 막아 보지만
온 얼굴 번지는 봄빛
눈이 부신 저 요염

단풍 품은 암자

산마루 걸터앉아
가부좌 튼 아기 암자
오색으로 익은 단풍
연인처럼 안고 있다
찬 서리 호통을 치면
내려놓을 저 황홀

참배객 슬그머니
놓고 떠난 탐욕심들
이끼 늙은 돌담 밑에
낙엽 깔고 누워 있다
눈보라 짓밟고 가면
흔적 없이 떠날 너

푸른 마음 가을이면
단풍 들어 탈색하고
형형색색 젊은 생각
빛바래니 추레하다
저렇게 퇴색할 꿈을
보석처럼 품었나

달빛모자 쓴 박꽃

박꽃의 하얀 마음
문향聞香 한 번 해보셔요

어느 꽃 전설보다
붉은빛 넘칩니다

달빛 속 앉으신 성희*聖姬
백의 보살 큰 법당

*성희 : 여인으로 나투신 성인

서운암 화전놀이

진달래 앳된 미소
합장으로 받아드니

짭쪼름한 시가 되어
마른 입맛 싹 돈는다

눈 녹은 산골짝 앉아
미소 한 점 맛보리

박 타기

박이 다 익었으면 두 쪽으로 갈라야 한다
익어서 변색된 것 정 중앙을 타야 한다
삶은 박 여린 속살도 박박 긁어 내야한다

여린 가슴 너무 아파 속살 다 못 파내면
껍질까지 부패되어 모두 다 버려야 한다
두 가슴 멍이 들어도 바가지는 살려야지

우리는 일심동체로 계절들을 건너왔다
부르터 찢긴 발로 절룩이며 여기 왔다
박 공예 장인에게로 이제 나를 보내리

삼채 나물

맵고 달고 쓴 맛 나는
낯선 채소 먹어 봤다
약효가 살아 있다는
잎과 뿌리 다 먹는 풀
몸속에 전세 든 병들
방 빼라고 한단다

인생살이 굽이마다
어김없이 맛을 봤다
단맛 잠깐 지나가면
이어지는 맵고 쓴 맛
가슴 속 웃자란 아픔
뿌리 뽑아 가거라

5

인연의 꽃

심종선 주요 저서

액자로 걸린 추억
눈을 뜨는 사랑의 향기
머무는 곳 없이 네 마음 흘러라
님이 아니면 모르리
염화미소를 꿈꾸며
느낌으로 만난 님
산승으로 살아가기
사람으로 살아가기
산사의 명상

백련사 꽃뜰

– 봉율스님

제주도 여행하는 크고 작은 태풍들은
하나도 빠짐없이 참배하고 지나가는
백련사 넓은 뜨락에 꽃 식구들 가득하다

고희 세월 바랑 가득 힘겹게 등에 지고
사계절 끊임없이 꽃과 향기 불전 공양
노승이 뿜어 피우는 법 향기가 더해진다

해인사 가야산회 백 번 넘는 모임에는
결석 없이 참석하며 달콤한 귤 대중 공양
그 정성 찬양 노래가 삼십 삼천 퍼졌다

온몸 가득 들어앉은 병마와 씨름하며
몸과 마음 신음 중생 제도하기 하루 일과
내생에 성불하시어 약사여래 되소서

백련 등대

– 관음사 회주 봉율스님

강원도 두메산골 천 년 송 귀한 자손
한국전쟁 차가운 바람 뿌리 뽑혀 휘날리다
제주섬 어느 부둣가 어린 몸이 정박했네

제주도 사투리가 선혈처럼 온 몸돌아
몸과 마음 한라산 닮아 때 묻지 않은 도인
열반에 들어가셔도 화산 돌이 되겠네

칠십여 년 백련사에 큰 등대로 곧추앉아
길 잃은 제주 바다 헤매 도는 뭇 중생들
큰 법당 목탁을 울려 항구 정박 시키셨네

온몸을 파고드는 병마들 꿇어 앉혀
무상법문 설파하며 예까지 오신 스님
바닷물 마를 날까지 자비 광명 비추소서

승가의 횃불

– 승가종 종정 월인 대종사

차갑게 얼어붙은 굶주린 배 녹이려고
풍경소리 슬피 우는 절집 찾아 동진 출가
어린 몸 손발 갈라져 핏빛으로 물들고

대장경 낯선 글자 헤집어 맛보느라
이목구비 마비되어 천지 분간 못할 새벽
매화꽃 터지는 향기 코를 치는 깨달음

방방곡곡 문을 세운 서래암 안방으로
갖은 고통 시달리는 중생들 모여들면
감로수 한 아름 안겨 고통 모두 씻어줬네

남루를 짊어지고 헤매도는 어린 승가
어엿한 승보 자리 낱낱 안겨 장엄하여
단월들 우러러보는 법상 위에 앉히셨네

힘에 겨운 칠십 노구 농기구 높이 들어
승가사 도량 곳곳 번뇌 뽑고 자비 심어
뒷사람 지친 심신을 편히 쉬게 하시네

수백 명 제자들과 종도 들 함께 모여
부도탑 조사전의 준공을 축하하네
억겁의 세월 흘러도 크신 공덕 빛나리

흑진주

– 상조스님

부귀공명 향해 가는
세속열차 사뿐 내려

따뜻한 밥 남을 주고
굶주림을 먹고 산다

먹물 옷 자신을 묻고
흑진주로 익는 여승

여린 손 잡은 목탁
중생 아픔 부숴내고

번뇌 뽑은 마음 가득
꽃을 피운 육바라밀

연잎에 구르는 이슬
눈이 부신 비구니

산승으로 살아가기 2

입신보다 무거운 것 산승으로 살아가기
극락 같고 지옥 같은 세속의 삶 밀쳐놓고
한 암자 어설피 꾸려 지켜간다 벌써 백발

주위 사람 기억 속에 들어앉기 힘겹지만
눈에 띄는 명함 하나 마련하기 숨이 차네
때때로 열반의 언덕 그 높이를 그려본다

선남선녀 맡긴 소원 짐보따리 산더민데
부처님께 못 올리고 어이 누워 있을쏜가
오십견 통증을 지고 일어서는 새벽예불

고해 파도 한가운데 배 한 척 띄워놓고
크고 작은 인연으로 손을 뻗는 내 사랑들
불보살 이바지하듯 모두 태워 가리라

곁에 있어줘 고마워

돌 지난 치매의 병 밤낮없이 안고 사는
말도 안 된 말 실타래 술술술 풀어내는
동반자 아직 내 옆에 같이 걷는 즐거움

고운 자태 겸양지덕 세월에게 보시하고
주름살 검버섯만 패물 대신 주렁주렁
어쩌다 입맛 없으면 말 꽈배기 뽑는다

아프고 쓰린 과거 방 안 가득 꺼내놓고
맹독 바른 눈빛 화살 이내 몸 과녁 삼아
쉼 없이 쏟아 퍼붓는 그 입술이 예쁘다

격려 한 잔 미소 한 알 끼니로 때우던 때
아직 기운 남아 있다 팔을 들고 웃던 사람
그 모습 눈 속에 앉아 아직 재롱 피운다

반백 년 그 먼 길을 투정 없이 같이 걷고
멀리서 가까이서 마주 보며 늙어 왔네
오늘도 그대 있음에 행복하고 고맙다

아파도 좋으니 죽지마

지구 밖 어느 나라 대출받은 언어들로
대화를 걸어와도 의사소통 불가하다
치매 국 언어를 배워 쌍방 통화 하리라

부산항 갈매기 때 사물놀이 여는 소리
밤낮 귀에 퍼부어서 온몸에 지진 나도
잔소리 살아 있음에 행복하고 감사하다

찬바람 뜨건 바람 쓴 바람 매운바람
온갖 바람 다 몰고 와 그대에게 뿌렸으니
그 곱던 얼굴과 몸매 풍화작용 일었지

백수白壽기념 잔칫날에 용돈 얻어 여행 갈 때
국내갈까 해외 갈까 말다툼을 하고 나면
그날이 정말로 올까 서글픔이 한 아름

저승길 그대 먼저 가슴 통증 못 참겠고
내가 먼저 떠나자니 수발 걱정 가슴 먹먹
오늘도 눈물 간 맞춘 저녁 공양 차린다

다음생에 또 만나자

풍경소리 읽어가며
육십 법랍 탑을 쌓고
깎아도 자라나는
번뇌 뽑아 공양했네
머잖아 동자승으로
동화 한 편 엮으리

독경 소리 떠 먹으며
뼈를 키운 대웅보전
귀속에서 매미 울어
그대 음성 길 잃어도
나 이제 신 한 짝 매고
님과 함께 걸으리

만났으면 하는 이별
생명 모두 겪는 고통
우리라고 비껴갈까
아파도 참아내고
다음 생 잊지 말고서
그대 이름 부르리

출가 60년에 얻은것

화두와 망상 사이
윤회로 바쁜 선방
육십 년 앉은 세월
소득 없는 텅 빈 바랑
더러는 화두도 잃고
망상 속에 살았다

바랑 가득 얻어진 것
견뎌내기 참아내기
사랑 미움 견뎌내고
돈과 명예 참아냈다
마음속 파고든 번뇌
나를 먹고 살았다

심야산책

얼룩 낀 세상 소리
털어내고 숲에 들면

키를 재는 풀벌레 소리
천지 가득 숨 막힌다

여기쯤 가부좌 틀고
청법가를 부르리

화두 참 어렵다

작은 텃밭 곱게 일궈
채소 씨앗 심고 나면
잡초들이 먼저 알고
입주를 시작한다
소리쳐 방 빼라 해도
죽기 살기 대든다

베어내고 뽑아내도
막무가내 자라는 풀
채소는 기가 죽어
고개도 못 내민다
손톱이 찢겨 빠져도
뽑아야 할 저 잡초

마음 다 비워내고
화두 심어 가꾸는데
번뇌가 먼저 자라
가슴 온통 뒤덮는다
목숨 불 꺼지기 전에
익은 화두 맛보리

화두 붙잡기

가던 길 접어놓고
손발 또한 내려놓고
이목구비 감각기관
방생하고 쫓는 화두
번뇌의 진흙 뻘 밭을
헤매도는 마음아

뚜렷한 실체 한 번
거짓 없는 이름 석 자
알몸으로 드러낸 일
아직까진 없었지만
기필코 너를 끌고 와
내 울 안에 키우리

말씀의 은혜

녹이 슨 말씀 몇 알
좋은 양식 될 때 있다
메마르고 허기진 맘
미음 끓여 먹어 보면
율무죽 아니더라도
피가 돈다 온몸에

마음 벌판 가뭄 들 때
말씀 몇 알 삼켜 보면
화두가 기지개 켜며
새순처럼 뻗어간다
삼계 밖 발걸음 옮겨
해탈가를 부르리

독경

우리 님
황금 말씀
가슴 깊이
심어놓고

사시사철
지극정성
목숨 태워
가꾸었네

온 생명
먹고도 남을
과일 곡식
넘치네

화엄경 읽기

잊어라 비워내라
돌아보지 더욱 말라
눈앞에서 지나간 것
꿈이요 환상이다
뿌리채 뽑아버리고
흔적마저 매워라

행여라도 부서진 잎
가슴에 붙었거든
그마저 훌훌 털고
먼지 없이 살아가라
십행품 금빛 말씀이
아침 햇살 눈 부심

6

그래도 삶은 즐겁다

심종선 주요 저서

액자로 걸린 추억
눈을 뜨는 사랑의 향기
머무는 곳 없이 네 마음 흘러라
님이 아니면 모르리
염화미소를 꿈꾸며
느낌으로 만난 님
산승으로 살아가기
사람으로 살아가기
산사의 명상

어머니의 땅

설익은 걸음으로
뛰어놀던 고향산천
산 무지개 별들과 달
높은 것만 꿈을 꿨지
어깨에 커다란 깃털
돋아나기 기다리며

이륙은 언제나
착륙으로 끝이 나고
그때마다 깊숙한 상처
비웃음만 수확했다
힘 빠진 갈지자 걸음
어머니의 땅 찾는다

혼자 가는 길

첩첩산중 묵은 산밭
사방으로 문을 열고
산토끼 고라니를
높으로 불러다가
윤기가 자르르 도는
밭 한 뙈기 일궜다

목탁 소리 요령 소리
텃밭 가득 뿌려놓고
발자국 노크 소리
푸른 싹 불러보네
잡초가 돋아나기 전
싱그러움 맛보리

번뇌도 뽑고

내 가슴 좁은 텃밭
잡초만이 너울댔다
베어내고 뽑아내도
키를 넘는 욕망의 풀
내 마음 묻힌 곳조차
찾을 길이 없었다

김매기 석 삼 년에
지번地番 하나 얻어냈다
손등 발등 가뭄 들어
거북 되어 떠나갔다
그대여 미소 뿌리며
밭둑 산책 어떻소

잡초도 가꾸고

고운 속살 열어주신
묵정밭 이랑 가득
쌈 채소 작은 씨앗
체온 덮어 심어놨다
하루도 서너 번씩은
눈과 귀를 세운다

연두빛 고운 얼굴
작은 손 내어민다
체면 명예 다 던지고
너를 안아 키운 세월
아뿔싸 속잎을 보니
뽑아야 할 잡초네

척추협착증에게

곧은 허리 뼈마디 속
둥지 튼 세월의 때
녹이 슬고 이끼 돋아
걸음마다 돋는 비명
움직임 내려놓고서
서녘 하늘 바라본다

구름 속 열반의 성
아직 먼 길 남았는데
두 다리 물어뜯고
매달리는 병마들아
오늘은 외출 나갔다
돌아올 길 잊으렴

탈출기

– 척추협착증

죄명도 모른 채로
채포되어 갇히었다
감옥 이름 척추협착
두 다리 완전 포박
걸음을 디딜 때마다
키가 크는 비명 소리

재판도 못 받은 채
삼 년 동안 구금됐다
탈출 구멍 찾으려고
거짓 순종 복종 애걸
기회만 주어진다면
햇빛 볼 날 오리라

탈출기

– 고해

사랑도 불에 타면
재가 되어 날리더라
그리움도 키 자라면
미움 되어 꺾이더라
생각도 언어도 끊긴
삶의 뿌리 뽑힌 땅

나 이제 탈출하리
고통의 숲 벗어나리
가슴에 칼질 못질
밤낮으로 춤추는 곳
내 자신 엮은 감옥을
손수 헐고 떠나리

하산의 어려움

산마루 오르는 길
가시넝쿨 얽혔어도

위만 보고 걸어가면
정상의 맛 볼 수 있네

하산길 조심하게나
미로 속에 갇히니

화상火傷

펄펄 뛰는 불꽃 생명
황홀함에 숨 뺏기고
춤추는 그 자태에
넋도 또한 주저앉네
조금만 방심하여도
발톱 세워 찍는다

칼의 상처 깊고 커도
잠깐이면 회복인데
피 없는 발톱 자국
오랜 세월 아파오네
흔적은 임종 때까지
분화구로 서 있고

새로 사람 만날 때는
꽃향기가 한 바가지
녹차 우려 마시면서
물심物心 떼어 안겨줘도
떠날 때 할퀴는 상처
화상보다 뜨겁네

함께 가는 상처

사랑의 불 미움의 불
두 손에서 내려놓아라
우리 님 애타는 말씀
어둔 가슴 비추지만
그 실천 뿌리내리기
죽음보다 어렵네

뜨거운 불꽃들이
성화처럼 타오른다
축제 기간 끝이 나면
그 불꽃 꺼지지만
가슴에 끓는 뜨거움
식을 기미 없구나

명상의 물 한 바가지
불꽃 위에 뿌려본다
망각의 세월 펼쳐
화상을 덮어보지만
상처의 깊은 흔적이
내세까지 가겠네

원죄

모내기 끝낸 논에
알몸 햇살 찾아들어

싱싱한 어깨동무
같은 키로 자란 볍씨

아파라, 숨어 자란 피
키 큰 죄로 뽑히네

동지를 지내며

어둠을 퍼 올리던
북두칠성 새색시가
바가지 엎어놓고
잠이 든 동짓날 밤
나는 왜 잠을 놓치고
미로 속을 헤맬까

세상의 부귀공명
씹을수록 쓴맛 나고
만나고 헤어짐도
화탕지옥 진맛이네
동지 죽 한 솥을 끓여
삼재 소멸 이루리

문닫기

문이란 언제나
닫기 위해 설치한다

출입하는 사람 위해
잠시 열어 주다가도

밤낮을 가리지 않고
굳게 닫고 서 있다

사람들은 눈만 뜨면
종일 문을 열고 있다

이목구비 활짝 열고
온기 모두 쏟고 있다

가슴이 너무 차가워
옆에 서면 떨린다

새로운 삶 살아보기

관절염 앓는 무릎
고희 고개 넘고 나서

잡힐 듯 손가락 틈
빠져가는 부귀공명

이제는
방생 또 방생
가벼웁게 걸으리

혼자 밥을 먹다

설한풍 허허벌판
아침을 앉아 있다
허기진 숨 멈추어도
얼어붙은 입맛이여
사십 년 반찬 투정이
파계보다 부끄럽다

끼니마다 차려 주는
따뜻한 진수성찬
맛없고 솜씨 없다
음식 소박 놓았었네
점심은 무얼 먹을까
어김없이 끓는 복통

돌덩이 냉동 밥을
레인지 뱃속 안겨놓고
쉰 고개 넘은 반찬
가스불로 닦달해도
저녁상 수저 가락이
넋을 놓고 앉아 있다

冥想
산사의 명상

7

만남과 이별

심종선 주요 저서

액자로 걸린 추억
눈을 뜨는 사랑의 향기
머무는 곳 없이 네 마음 흘러라
님이 아니면 모르리
염화미소를 꿈꾸며
느낌으로 만난 님
산승으로 살아가기
사람으로 살아가기
산사의 명상

사랑 믿어도 될까

믿고 사는 모든 진리
아침저녁 바뀌어도
우리 사랑 진실만은
불변한다 믿고 싶다
그래야 가슴의 온기
식지 않을 테니까

눈짓 몸짓 모두 접고
가슴으로 나눈 사랑
우리 사는 의미라고
믿으며 살고 싶다
그래야 짧은 한평생
허무하지 않겠지

갈등

사랑과 미움들이
민속씨름 여는 밤에

냉정은 가출하고
편파 판정 춤을 추네

어느 뉘 손도 못 드는
무능 심판 예 있소

연인

오작교 아예 끊겨
일 년 한 번 봐라만 봐도
그리움 가슴 채워
한 백 년 견딜 것 같은
사람아 그대는 정말
오백생 전 님이신가

이목구비 풍화되고
목소리 부서져도
이 자리 서 있는 이
나인 것만 아신다면
한 천년 돌이 되었다
그대 오면 눈 뜨리

사랑도 공空일세

열매 익어 물러지면
어미나무 떠나가듯

유통기한 지난 사랑
윤희 인연 따라간다

불변不變은 없다는 진리
그게 공空 이 아니던가

이별 맛보기

가끔은 간을 키워
통 큰 이별 맛을 보면
작은 키 쑥쑥 자라
산과 강 보게 된다
가슴엔 바람 한 줄기
저 혼자서 왔다 가고

얽힘의 줄기들이
짐 싸 들고 떠난 시간
잠이 든 꿈을 깨워
길을 뜨기 좋은 일진
비우고 또 비운 가슴
훌훌 털고 가리라

고맙소

나에게 고통을 준
그대 정말 고맙구려

가슴에 불이 들어
창자 다 녹고 나니

시 한 편 파랗게 돋아
지친 마음 눕히네

떠나도 떠나지 않는

크고 묵직한 이별의 돌
숨구멍을 막고 있다
미움의 정釘 원망의 망치
밤낮없이 쪼아대도
몸집이 커져만 가는
후회 덩이 지난날

삼키려도 토하려도
앙버티고 꼼짝없다
금강석 미움의 창
손에 들지 못한 나는
떠나도 떠나지 않는
그림자만 쓸고 있다

보내는 이별

눈물은 흐르지만
소리 내어 울지 않네
뜨거운 통증들이
파도처럼 밀려와도
가슴은 깨지지 않고
젖은 채로 서 있다

거짓과 위선의 껍질
다 벗겨낸 알몸 되어
오색 빛 춤을 추는
석양 노을 황홀의 땅
아끼고 사랑했음에
방생할 수 있었다

내 마음 연 날리던
잡은 손길 끊어내야
새로운 인연의 씨
싹 틔울 수 있겠다는
말씀의 날갯짓들이
흐린 하늘 덮는다

녹슨 인연

맺은 인연 풀어내기
열반보다 어렵구나
깊은 상처 흔적 없이
닦아낸 줄 알았는데
선잠 속 번지는 얼룩
화탕지옥 여기네

꽃 피고 낙엽 지면
먼 발치서 보는 그대
웃음 짓는 얼굴에도
찡그린 표정에도
밤낮이 국경을 잃고
고통 속에 묻힌다

원망하면 미워질까
미워하면 잊혀질까
목숨 다해 잊어줘야
행복하게 잘 살 텐데
잊어야 한다는 생각
그 생각이 창이다

인연의 열반 1
- 마음에 난 구멍

충격도 너무 크면
감각 모두 떠나나 봐
심장 맥박 규칙적이고
육신 모두 제자린데
마음엔 구멍이 나고
육감 모두 멎었네

미련도 집착도
모두 다 짐 싸 들고
어느 별 가 있는지
전화도 불통이네
이별이 이쯤 되어야
잘 익었다 말하리

인연의 열반 2
– 내 죄업

사랑 다 죽었는데
미움인들 살았으랴
낮과 밤 떠났는데
먹고 자고 눈을 뜰까
모두가 내 죄업인데
남의 이름 왜 불러

욕심이 불러들인
샘솟는 후회 고통
불보살께 맡기려도
염치없어 못 하겠네
차라리 용궁 앞에 가
신문고를 울릴까

인연의 열반 3

– 색즉시공

이별에 단맛이
알맞게 들었을 때

뒤 돌아 서는 것은
슬픈 일이 아니구나

세상의 만남이란 것
색즉시공 아니던가

회자정리會者定離 아니라도
고요히 멈춰 앉아

생각을 닦아보면
만남 뒤엔 헤어짐이지

그래야 진리라는 것
다음 세대 맛보지

인연의 열반 4

– 열반의 씨앗

아픔이 썰물 되니
자비 더욱 영롱하다
내 언제 이런 사리
가슴에 심었던고
내 심장 맥박을 뽑아
그대 가슴 심을까

속세라 오고 감이
일월처럼 분명하다
이몸의 백팔번뇌
모두 떼낸 마음 밭에
열반의 씨앗을 뿌려
체온 풀어 덮는다

방생 1
– 펫의 절규

물질이란 감옥에서
의식주를 해결한다
주인님 비위 맞추면
특식도 차려진다
자유에 목줄을 걸어
갑질님께 맞기고

한 모금 자유 찾아
탈출을 시도하면
삼시 세끼 음식 학대
황무지 지옥 생활
병들고 애교 못 떨면
저승사자 눈앞이네

목숨 줄 쥐었으면
의식주라도 넉넉하게,
노동력 뽑아간 몸
휴식이라도 따뜻하게,
그것도 못 하신다면
저승 방생 해주오

방생 2

– 사랑

사랑도 암이 들면
귀한 목숨 단풍 든다
나에겐 사랑이지만
그 님에겐 고통인 것을
나는 왜 여태 모르고
사랑이라 여겼지

원치 않는 사랑 집착
아비지옥 공포라네
웃음꽃 주고받아야
천당이고 극락인 것을
평범한 사랑의 정의
머리로만 알았네

사랑하지 않는 사람
사랑 듬뿍 받기보다
자신이 사랑하는
사람을 사랑하는 것
그것이 행복인 것을
나 비로소 실천하리

방생 3

– 환상

좋아한다 싫어한다
마음 밖 일이거늘
목숨처럼 끌어안고
뜨거워 두 발 동동
나 이제 떠나보내리
먼지까지 털어서

인연 따라 오고가는
윤회 또한 보내주마
키가 큰 욕망들도
한배 태워 떠 보내자
같은 값 미움과 사랑
합방 시켜 재우고

칠순 고개 오르느라
앞만 보고 과속했네
눈 돌릴 겨를 없어
물 건너간 산천 구경
이제는 길섶에 풀꽃
웃음소리 맛보리

산사의 명상

인쇄일 2020년 4월 2일
발행일 2020년 4월 10일

지은이 심종선
펴낸이 박철수
펴낸곳 도서출판 해암

등록번호 제325-2001-000007호
주소 부산시 중구 대청로 138번길 9 (대원빌딩302)
전화 051)254-2260, 2261
팩스 051)246-1895
메일 haeambook@daum.net

ISBN 978-89-6649-182-7 03810

값 15,000원

• 이 도서의 국립중앙도서관 출판예정도서목록(CIP)은 서지정보유통지원시스템 홈페이지(http://seoji.nl.go.kr)와 국가자료공동목록시스템(http://www.nl.go.kr/kolisnet)에서 이용하실 수 있습니다. (CIP제어번호 : CIP2020013736)